T0047266

About Insects

Sobre los insectos

For the One who created insects.
—*Genesis* 1:24

Para Aquél que creó a los insectos.
—*Génesis* 1:24

Published by
PEACHTREE PUBLISHING COMPANY INC.
1700 Chattahoochee Avenue
Atlanta, Georgia 30318-2112
www.PeachtreeBooks.com

Text © 2000, 2015 by Cathryn P. Sill
Illustrations © 2000, 2015 by John Sill
Spanish translation © 2015 by Peachtree Publishers

First bilingual edition published in paperback in 2015

All rights reserved. No part of this publication may be reproduced, stored in a retrieval system, or transmitted in any form or by any means—electronic, mechanical, photocopy, recording, or any other—except for brief quotations in printed reviews, without the prior permission of the publisher.

Spanish translation: Cristina de la Torre
Spanish-language copy editor: Cecilia Molinari

The illustrations were rendered in watercolors

Printed in November 2021 by Toppan Leefung Printing Limited in China
10 9 8 7 6 5 4 3 2 1 (bilingual hardcover)
10 9 8 7 6 (bilingual paperback)

ISBN 978-1-56145-883-7

Also available in an English-language edition
HC ISBN: 978-1-56145-881-3
PB ISBN: 978-1-56145-882-0

Library of Congress Cataloging-in-Publication Data

Sill, Cathryn P., 1953– author.
About insects : a guide for children = Sobre los insectos : una guía para niños / Cathryn Sill ; illustrated by John Sill ; translated by Cristina de la Torre / ilustraciones de John Sill ; traducción de Cristina de la Torre. — First edition.
pages cm
"First bilingual edition published in hardcover and trade paperback in 2015."
Includes bibliographical references.
ISBN 978-1-56145-883-7 (trade paperback)
1. Insects—Juvenile literature. 2. Insects—Behavior—Juvenile literature. 3. Insects—Anatomy—Juvenile literature. I. Sill, John, illustrator. II. De la Torre, Cristina, translator. III. Sill, Cathryn P., 1953– About insects. IV. Sill, Cathryn P., 1953– About insects. Spanish. V. Title. VI. Title: Sobre los insectos.
QL467.2.S538 2015
595.7—dc23
2015002402

About Insects
Sobre los insectos

A Guide for Children / Una guía para niños

Cathryn Sill

Illustrated by / *Ilustraciones de* John Sill

Translated by / *Traducción de* Cristina de la Torre

PEACHTREE

ATLANTA

Insects have six legs...

Los insectos tienen seis patas...

PLATE 1 / LÁMINA 1
Dogbane Leaf Beetle /
escarabajo de hoja de apocino

and three body parts.

y tres partes del cuerpo.

PLATE 2 / LÁMINA 2
Eastern Velvet Ant / hormiga aterciopela

They have a waterproof skeleton on the outside of their bodies.

Tienen un esqueleto impermeable en el exterior del cuerpo.

PLATE 3 / LÁMINA 3
Giant Stag Beetle /
ciervo volante gigante

Young insects hatch from eggs.

Las crías nacen de huevos.

PLATE 4 / LÁMINA 4
Praying Mantis / *mantis religiosa*

They go through several changes as they grow up.

Pasan por varios cambios a medida que crecen.

PLATE 5 / LÁMINA 5
Monarch Butterfly / *mariposa monarca*

Antennae help insects smell, taste, and feel.

Los insectos huelen, degustan y sienten con la ayuda de las antenas.

PLATE 6 / LÁMINA 6
Virginia Ctenuchid Moth /
polilla de Virginia

Some insects suck animals or plants to get food.

Algunos insectos se alimentan succionando animales o plantas.

PLATE 7 / LÁMINA 7
Black Horse Fly / tábano negro

Others bite and chew their meals.

Otros muerden y mastican sus alimentos.

Many insects fly.

Muchos insectos vuelan.

PLATE 9 / LÁMINA 9
Common Whitetail /
libélula de cola blanca

Some crawl because they have no wings.

Algunos caminan porque no tienen alas.

PLATE 10 / LÁMINA 10
Giant Walkingstick / insecto palo gigante

Others jump...

Otros saltan...

PLATE 11 / LÁMINA 11
Gladiator Meadow Katydid /
esperanza gladiadora

or swim.

o nadan.

PLATE 12 / LÁMINA 12
Whirligig Beetle / *girínido*

Insects live almost everywhere.

En casi todas partes hay insectos.

PLATE 13 / LÁMINA 13
Silverfish / pececillo de plata

Some are active during the day.

Algunos están activos durante el día.

PLATE 14 / LÁMINA 14
Honeybee / *abeja*

Others are active only at night.

Otros están activos solamente de noche.

PLATE 15 / LÁMINA 15
Luna Moth / *polilla de luna*

Some insects may be pests.

Algunos insectos pueden ser plagas.

PLATE 16 / LÁMINA 16
German Cockroach /
cucaracha alemana

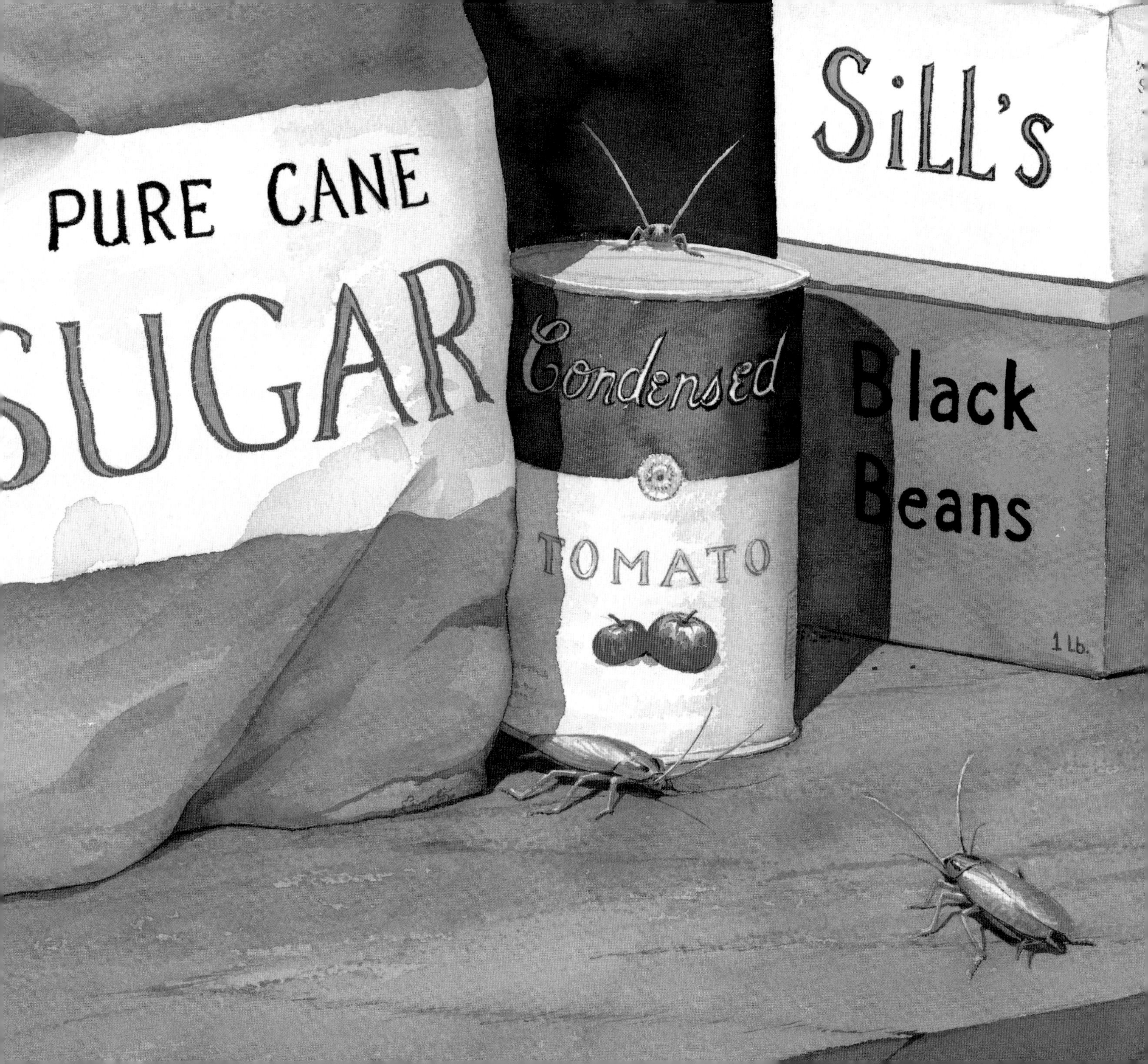
PURE CANE
SUGAR
Condensed
TOMATO
SiLL's
Black
Beans
1 Lb.

But many are very helpful.

Pero muchos son muy útiles.

PLATE 17 / LÁMINA 17
Convergent Lady Beetle / *mariquita*

(also shown, aphid)
(También en la ilustración: áfido)

Insects are an important part of our world.

Los insectos son una parte importante de nuestro mundo.

PLATE 18 / LÁMINA 18
Mayfly / efímera

(also shown, Rainbow Trout)
(También en la ilustración: trucha arcoí

Afterword / Epílogo

PLATE 1

Insects are found almost everywhere and are the most numerous of all animals. More than 1 million species have been identified. Some experts believe there are 2 million to 30 million insects that have never been discovered and named. Dogbane Leaf Beetles live throughout the eastern United States and southern Canada. They leak a bad-smelling liquid to stay safe from predators.

LÁMINA 1

Los insectos se encuentran en casi todas partes y son los más numerosos de todos los animales. Se han iden tificado más de un millón de especies. Algunos exper creen que hay entre 2 y 30 millones de insectos que nunca han sido descubiertos ni nombrados. Los escar bajos de hoja de apocino habitan en el este de Estado Unidos y en el sur de Canadá. Segregan un líquido apestoso para defenderse de sus predadores.

PLATE 2

The three parts of an insect's body are the head, the thorax, and the abdomen. The antennae, eyes, and mouth are located on the head. The legs and wings are attached to the thorax. Organs in the abdomen allow insects to digest food, breathe, and reproduce. Eastern Velvet Ants are antlike wasps with such a painful sting that they are sometimes called "cow kill-ers." They live in the eastern United States.

LÁMINA 2

Las tres partes del cuerpo de un insecto son la cabez el tórax y el abdomen. Las antenas, los ojos y la boc están en la cabeza. Las patas y las alas salen del tórax Los órganos del abdomen les permiten digerir los alimentos, respirar y reproducirse. Las hormigas aterciopeladas son avispas que parecen hormigas y su picada es tan dolorosa que a veces las llaman "ma avacas". Viven en el este de Estados Unidos.

PLATE 3

Insects have hard coverings called exoskeletons. "Exo" means "outside." The insect's muscles are attached to the inside of the exoskeleton. Stag beetles get their name from their huge jaws, which look like the antlers of a stag. Males use their jaws for fighting each other. There are about 1,200 species of stag bee-tles around the world. Giant Stag Beetles live around rotting oak stumps in the eastern United States and west to Oklahoma.

LÁMINA 3

Los insectos poseen capas exteriores duras llamadas exoesqueletos. "Exo" quiere decir "afuera". Los músculos de los insectos se enganchan en el interior del exoesqueleto. Los ciervos volantes se llaman así por sus enormes mandíbulas, que se parecen a las ast de los venados. Los machos usan las mandíbulas para pelearse entre sí. Hay cerca de 1.200 especies de ciervos volantes en todo el mundo. Los ciervos vola tes gigantes habitan alrededor de troncos podridos de robles en el este de Estados Unidos, extendiéndose hacia el oeste hasta Oklahoma.

PLATE 4

Insects grow up by a process called "metamorphosis." Some insects go through simple metamorphosis with three stages of growth—egg, nymph, and adult. The female Praying Mantis squeezes a special foam from her body and lays 100 to 200 eggs in the foam. It hardens and protects the eggs until they are ready to hatch. Each egg hatches into a nymph that looks like a tiny version of the adult. Praying Mantises are native to southern Europe. They were first brought to North America in 1889 on a shipment of plants.

LÁMINA 4

Los insectos crecen por medio de un proceso llamado "metamorfosis". Algunos pasan por una metamorfosis simple, de tres etapas de crecimiento: huevo, ninfa y adulto. La mantis religiosa hembra segrega una espuma especial de su cuerpo y pone entre 100 y 200 huevos en la espuma, que se endurece y los protege hasta que están listos para romperse. De cada huevito sale una ninfa que es una versión pequeñita idéntica al adulto. Las mantis religiosas son originarias del sur de Europa y llegaron a América del Norte en 1889 en un cargamento de plantas.

PLATE 5

Butterflies and many other insects develop by complete metamorphosis. They go through four stages of development—egg, larva, pupa, and adult. An adult lays an egg that produces a wormlike larva. The larva feeds and grows, then changes into a pupa. When the pupa is fully developed, an adult insect emerges. Monarch butterflies are the only butterflies that have a two-way migration. They live in most of North America.

LÁMINA 5

Las mariposas, y muchos otros insectos, se desarrollan por medio de una metamorfosis completa, de cuatro etapas: huevo, larva, crisálida y adulto. La hembra adulta pone un huevo que produce una larva parecida a un gusano. La larva come y crece, y entonces se convierte en crisálida. Cuando la crisálida ha terminado su desarrollo emerge el insecto adulto. Las mariposas monarcas son las únicas mariposas que hacen una migración de ida y vuelta. Viven en casi toda América del Norte.

PLATE 6

Antennae, which are found on the front of an insect's head, are sometimes called "feelers." They are sense organs that help insects find food and locate enemies. The shape and size of antennae varies for different kinds of insects. Virginia Ctenuchid Moths have feathery antennae. They live in southern Canada and the northern United States.

LÁMINA 6

Las antenas, que se encuentran en la parte frontal de la cabeza de los insectos, les sirven para explorar su entorno. Son órganos sensoriales que los insectos usan para encontrar alimentos y detectar a sus enemigos. La forma y el tamaño de las antenas varían según el tipo de insecto. Las polillas de Virginia tienen antenas muy ligeras. Habitan el sur de Canadá y el norte de Estados Unidos.

PLATE 7

Most flies have mouthparts that lap up liquids. Horse fly females suck blood from mammals after slicing the skin with scissor-like mouthparts. Males drink nectar from flowers. There are many kinds of horse flies around the world. Black Horse Flies are common in the eastern United States.

LÁMINA 7

La mayoría de las moscas pueden sorber líquidos con partes de la boca. Los tábanos hembra chupan la sangre de los mamíferos tras cortarles la piel con partes de la boca que son como tijeras. Los machos beben néctar de las flores. Hay muchos tipos de tábanos en el mundo. Los tábanos negros son comunes en el este de Estados Unidos.

PLATE 8

Insects such as grasshoppers bite and chew their food by moving their mandibles (jaws) from side to side. Grasshoppers live in grasslands, fields, meadows, and forests all over the world. Southeastern Lubber Grasshoppers live on roadsides, in field edges, and in gardens in the southeastern United States.

LÁMINA 8

Algunos insectos, tales como los saltamontes, muerden y mastican los alimentos moviendo las mandíbulas (las quijadas) de un lado a otro. Los saltamontes viven en pastizales, campos, praderas y bosques en todas partes del mundo. Los saltamontes del sudeste se encuentran al borde de carreteras y campos, y en los jardines del sudeste de Estados Unidos.

PLATE 9

Most adult insects have two pairs of wings attached to the thorax. Some insects have only one pair of wings. Dragonflies have four wings that move independently, enabling them to fly backward as well as forward. Common Whitetails catch and eat small insects while in flight. They are found through most of the United States and southern Canada.

LÁMINA 9

La mayoría de los insectos adultos tienen dos pares de alas pegadas al tórax. Algunos insectos tienen solamente un par de alas. Las libélulas tienen cuatro alas que se mueven independientemente y les permiten volar hacia delante o hacia atrás. Las libélulas de cola blanca capturan y comen pequeños insectos mientras vuelan. Se encuentran en casi todas partes de Estados Unidos y en el sur de Canadá.

PLATE 10

Some insects mimic parts of the plants on which they live. Giant Walkingsticks look so much like twigs that predators easily overlook them. Measuring nearly six inches (150 cm), they are the longest insects in North America. Giant Walkingsticks live in the southeastern and midwestern United States.

LÁMINA 10

Algunos insectos imitan partes de las plantas en las que viven. Los insectos palo gigantes son tan similares a ramitas que suelen pasar inadvertidos por sus predadores. Miden alrededor de seis pulgadas (150 cm), lo cual los hace los insectos más largos de América del Norte. Los insectos palo gigantes habitan en el sudeste y el medio oeste de Estados Unidos.

PLATE 11

Strong muscles in their back legs help some insects jump long distances. Many insects that jump make sounds by rubbing one body part against another. Katydids and crickets "sing" by raising their wings and rubbing them together. Gladiator Meadow Katydids live in the northern half of the United States and in southern Canada.

LÁMINA 11

Algunos tipos de insectos pueden saltar largas distancias gracias a los fuertes músculos de sus patas traseras. Muchos de los insectos saltarines hacen ruidos frotando una parte del cuerpo contra otra. Las esperanzas y los grillos "cantan" alzando las alas y frotándolas entre sí. Las esperanzas gladiadoras viven en el norte de Estados Unidos y en el sur de Canadá.

PLATE 12

Beetles that live in lakes, ponds, rivers, and streams have paddle-shaped back legs that help them swim. Whirligig Beetles swim around on the surface of the water. They can also fly and dive underwater. Whirligig Beetles' eyes are divided into two parts so they are able to see above and below the surface of the water. There are around 700 species of Whirligig Beetles around the world. They live throughout North America.

LÁMINA 12

Los escarabajos que viven en lagos, estanques, ríos y arroyos tienen las patas traseras en forma de paletas que los ayudan a nadar. Los girínidos se deslizan sobre la superficie del agua, y también son capaces de sumergirse y de volar. Los girínidos tienen los ojos divididos en dos partes para poder ver sobre y debajo de la superficie del agua. Hay alrededor de 700 especies de girínidos en el mundo y se encuentran por toda América del Norte.

PLATE 13

Insects are found in almost every habitat on the earth, but very few of them are able to live in the salty water in oceans. Silverfish are found all over the world in warm, moist places. Outdoors they live under fallen leaves, rocks, and logs. Indoors they are found in attics, basements, behind furniture, and near sinks or bathtubs. They eat many things, including plants, clothing, dry foods, paper, and book bindings.

LÁMINA 13

En casi todos los hábitats de la tierra hay insectos, pero muy pocos pueden vivir en las aguas saladas de los océanos. Los pececillos plateados se encuentran en sitios templados y húmedos alrededor del mundo. En el exterior se encuentran bajo hojas caídas, piedras y troncos. En el interior se encuentran en áticos, sótanos detrás
de muebles, y cerca de lavabos o bañeras. Comen una variedad de cosas, incluyendo plantas, ropa, alimentos secos, papel y encuadernación de libros.

PLATE 14

Animals that are active in the daytime are called "diurnal." Honeybees live in colonies or large groups that work together. The worker bees spend warm days gathering food from flowers. They eat pollen and nectar. Honeybees use nectar to make honey to eat in winter when flowers are not blooming. Settlers brought honeybees to North America from Europe during the 1600s.

LÁMINA 14

Los animales activos durante el día se llaman "diurnos." Las abejas viven en colonias o grandes grupos que trabajan juntos. Las abejas obreras pasan los días cálidos recolectando alimento de las flores. Comen polen y néctar. Las abejas usan el néctar para elaborar la miel que las alimenta durante el invierno cuando las plantas no están florecidas. Los colonos europeos trajeron las abejas a las Américas en el siglo XVII.

PLATE 15

Most moths are nocturnal (active at night). Luna Moth caterpillars eat tree leaves. Adults do not eat at all. They reproduce and then die. Luna Moths were once common but are now rare because of insecticides and pollutants. They live in North America east of the Great Plains.

LÁMINA 15

La mayoría de las polillas son nocturnas (activas durante la noche). Las orugas de la polilla de luna se alimentan de las hojas de los árboles. Las adultas no comen nada. Se reproducen y mueren. Hubo una época en que las polillas de luna eran comunes pero hoy día no abundan debido a los insecticidas y las sustancias contaminantes. Viven en zonas al este de los Grandes Llanos en América del Norte.

PLATE 16

Insects are considered pests when they annoy or harm people. Some insects can destroy valuable crops, give irritating bites or stings, carry disease, infest food supplies, or damage wooden buildings. German cockroaches have an unpleasant odor and search for food in homes, restaurants, and food factories. They are all over the world wherever people live.

LÁMINA 16

Los insectos se consideran plagas cuando molestan o hacen daño a las personas. Algunos insectos son capaces de destruir valiosos cultivos, otros tienen picadas o mordidas irritantes, transmiten enfermedades, infectan las reservas de alimentos o dañan las edificaciones de madera. Las cucarachas alemanas tienen un olor desagradable y buscan alimentos en los hogares, restaurantes y fábricas de alimentos. Se encuentran en cualquier lugar del mundo donde hay seres humanos.

PLATE 17

Many insects help humans by eating other insects that destroy crops. Lady beetle (also called "ladybug") larvae and adults eat aphids and other small insects. Farmers and gardeners often buy lady beetles and turn them loose near crops that are harmed by aphids. Convergent Lady Beetles are common throughout North America and parts of South America.

LÁMINA 17

Muchos insectos ayudan a los humanos ya que se alimentan de otros insectos que destruyen cultivos. Las larvas de mariquitas, así como las adultas, se alimentan de áfidos y otros insectos pequeños. Muchos granjeros y jardineros compran mariquitas y las sueltan cerca de los cultivos que los áfidos atacan. Las mariquitas son comunes en toda América del Norte y partes de América del Sur.

PLATE 18

Insects are an important food source for animals. They pollinate many of the plants that provide food for us. Insects produce useful products such as honey, beeswax, and silk. Some people enjoy watching insects and learning about their habits. Mayfly nymphs live in clean fresh water. As they become adults, they leave the water and grow wings. There are thousands of kinds of mayflies around the world and hundreds in North America.

LÁMINA 18

Los insectos son una fuente importante de alimento para los animales. Polinizan muchas de las plantas que nos sirven de alimento a nosotros. Los insectos nos proveen productos útiles como la miel, la cera y la seda. Algunas personas disfrutan observando a los insectos y aprendiendo sobre sus hábitos. Las efímeras habitan en aguas dulces limpias. Al hacerse adultas salen del agua y les crecen las alas. Hay miles de tipos de efímeras en todo el mundo y cientos de ellos en América del Norte.

GLOSSARY

habitat—the place where animals and plants live
insecticide—a chemical used to kill insects
organ—a part of an animal's body that does a specific job (for example, eyes, lungs, heart)
pollutant—anything that makes water, air, or land unclean or impure
predator—an animal that lives by hunting and eating other animals
reproduce—to have babies
species—a group of animals or plants that are alike in many ways
true bug—an insect with sucking, beaklike mouthparts
two-way migration—the movement of an animal from its birthplace to a warmer place for winter and then back in summer.

GLOSARIO

hábitat: lugar en que viven animales y plantas
insecticida: producto químico usado para matar insectos
órgano: parte del cuerpo de un animal que tiene una función específica (por ejemplo, los ojos, los pulmones, el corazón)
contaminante: cualquier cosa que ensucia o poluciona el agua, el aire o la tierra
predador: animal que sobrevive cazando y comiendo otros animales
reproducirse: tener crías
especie: grupo de animales o plantas que son muy semejantes
chinche: insecto con piezas bucales que tienen forma de pico y sirven para succionar
migración de ida y vuelta: movimiento de animales entre el lugar donde nacieron a sitios más cálidos durante el invierno y de regreso en el verano.

BIBLIOGRAPHY

BOOKS

Insects: (Golden Guide) by Clarence Cottam and Herbert Zim (St. Martin's Press)
Kaufman Field Guide to Insects of North America by Eric R. Eaton and Kenn Kaufman (Houghton Mifflin)
Peterson First Guide to Insects of North America by Christopher Leahy (Houghton Mifflin)

WEBSITES

www.insectidentification.org
www.biokids.umich.edu/critters/Insecta
www.bugfacts.net/index.php

ABOUT... SERIES

HC: 978-1-68263-031-0
PB: 978-1-68263-032-7

HC: 978-1-56145-038-1
PB: 978-1-56145-364-1

HC: 978-1-56145-688-8
PB: 978-1-56145-699-4

HC: 978-1-56145-301-6
PB: 978-1-56145-405-1

HC: 978-1-56145-987-2
PB: 978-1-56145-988-9

HC: 978-1-56145-588-1
PB: 978-1-56145-837-0

HC: 978-1-56145-881-3
PB: 978-1-56145-882-0

HC: 978-1-56145-757-1
PB: 978-1-56145-758-8

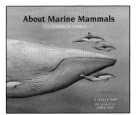

HC: 978-1-56145-906-3

HC: 978-1-56145-358-0
PB: 978-1-56145-407-5

PB: 978-1-56145-406-8

HC: 978-1-56145-795-3

HC: 978-1-56145-743-4
PB: 978-1-56145-741-0

HC: 978-1-56145-536-2
PB: 978-1-56145-811-0

HC: 978-1-56145-907-0
PB: 978-1-56145-908-7

HC: 978-1-56145-454-9
PB: 978-1-56145-914-8

HC: 978-1-68263-004-4

ALSO AVAILABLE IN SPANISH
AND ENGLISH/SPANISH
EDITIONS

- About Amphibians / Sobre los anfibios / 978-1-68263-033-4 PB • About Birds / Sobre los pájaros / 978-1-56145-783-0 PB • Sobre los pájaros / 978-1-68263-071-6 PB
- About Fish / Sobre los peces / 978-1-56145-989-6 PB • About Insects / Sobre los insectos / 978-1-56145-883-7 PB • About Mammals / Sobre los mamíferos / 978-1-56145-800-4 PB • Sobre los mamíferos / 978-1-68263-072-3 PB • About Reptiles / Sobre los reptiles / 978-1-56145-909-4 PB

ABOUT HABITATS SERIES

Deserts

HC: 978-1-56145-641-3
PB: 978-1-56145-636-9

Forests

HC: 978-1-56145-734-2
PB: 978-1-68263-126-3

Grasslands

HC: 978-1-56145-559-1
PB: 978-1-68263-034-1

Mountains

HC: 978-1-56145-469-3
PB: 978-1-56145-731-1

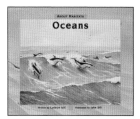

Oceans

HC: 978-1-56145-618-5
PB: 978-1-56145-960-5

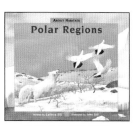

Polar Regions

HC: 978-1-56145-832-5

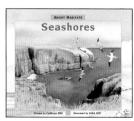

Seashores

HC: 978-1-56145-968-1

Wetlands

HC: 978-1-56145-432-7
PB: 978-1-56145-689-5

THE SILLS

Cathryn Sill, a graduate of Western Carolina University, was an elementary school teacher for thirty years.

John Sill is a prize-winning and widely published wildlife artist. A native of North Carolina, he holds a B.S. in wildlife biology from North Carolina State University.

The Sills have published eighteen books about nature for children. They live in North Carolina.

Cathryn Sill, graduada de Western Carolina University, fue maestra de escuela primaria durante treinta años.

John Sill es un pintor de vida silvestre que ha publicado ampliamente y merecido diversos galardones. Nacido en Carolina del Norte, es diplomado en biología de vida silvestre por North Carolina State University.

Los Sill, que han colaborado en dieciocho libros sobre la naturaleza para niños, viven en Carolina del Norte.